Fédération Enfants et Santé

Un poème de cœur, un poème pour la vie

Recueil du Concours de Poèmes Enfants et Santé

Edition 2010

© 2010, Fédération Enfants et Santé
Editeur : Books on Demand GmbH, 12/14 rond-point des Champs Elysées, 75008 Paris, France
Imprimé par Books on Demand GmbH, Norderstedt, Allemagne
Dépôt légal : Juin 2010
ISBN-13 : 978-2-8106-1136-2

Remerciements

**• Aux centres de cancérologie pédiatrique qui ont organisé
les finales régionales**

Enfants et Santé Alsace
Hôpital du Hasenrain - Mulhouse
Dr BENOIT, Chef de service,
Dr Raphaèle CAMPAGNI, en charge des enfants soignés pour leucé-
mies ou cancers en liaison avec le centre d'oncologie pédiatrique du
Professeur Patrick LUTZ Hôpital de Hautepierre à Strasbourg

Enfants et Santé Bourgogne Franche Comté
Hôpital Saint Jacques - Besançon
Le jury régional présidé par Jacques MOULIN, écrivain
et composé de personnel soignant, de parents et d'enfants, etc.
Service du Dr Emmanuel PLOUVIER

Enfants et Santé Cœur de France
Centre Hospitalier Régional d'Orléans
1, rue Porte Madeleine - BP 2439 - 45032 Orléans cedex 1

Enfants et Santé Provence Côte d'Azur Corse
Hôpital de l'Archet 2 Service d'oncologie hématologie pédiatrique
151, route de St Antoine de Ginestière 06000 NICE
Responsable du Centre : Monsieur le Docteur Nicolas SIRVENT

Hôpital de la Timone - Marseille
Docteur Jean Claude GENTET
Service d'Oncologie Pédiatrique
Professeur Jean Louis BERNARD

Enfants et Santé Ile de France
Institut Gustave Roussy - Villejuif
Service du Dr Dominique VALTEAU-COUANET
Kristina CHATELET, enseignante à l'IGR

Hôpital Trousseau Paris
Service du Pr Guy LEVERGER
Yvan MAILLOCHON, enseignant à Trousseau

Enfants et Santé Rhône-Loire
Institut d'hématologie et d'oncologie pédiatrique
1, place J. Renaut 69008 LYON

Hôpital Nord Service d'oncologie hématologie pédiatrique
avenue A. Raimond 42000 SAINT ETIENNE

• **Aux jurés qui ont acceptés bénévolement de faire partie du jury**

- Hélène Medigue, Marraine de cette nouvelle édition

- Alice Taglioni, Ambassadrice de la Fédération Enfants et Santé
Toutes les personnalités qui ont accepté d'être présentes lors de notre finale nationale :
Elsa Zylberstein
Stéphane Brizé
Emilie Chesnais
Gaëlle de Malglaive
François Vincentelli

- Les jeunes de l'IGR et Kristina Chatelet

• Aux professionnels qui ont accepté de nous aider gracieusement

Ian Scott – Chanteur
Gauthier Cornic - Photographe
Olivier Lancelin – Pour le montage du film

• Aux partenaires officiels :

- Antilia
- Autobar
- BoD
- Haba
- Editions du Triomphe
- Editions de la Martinière
- Mairie de Corbeil Essonne
- Virgule

et avec l'aide de :
Renée ALEXANDRE des Cars Suzanne

Édito

« GUÉRIR PLUS ET GUÉRIR MIEUX, AVEC LE MOINS DE SÉQUELLES POSSIBLES ET LES MÊMES CHANCES PARTOUT EN FRANCE »

« Votre enfant est atteint d'un cancer » Une phrase que personne ne voudrait entendre, et pourtant un enfant sur 350 est touché par cette maladie avant l'âge de 18 ans. Un enfant par collège en France…

*Bien sur, les traitements des cancers et leucémies ont fait des progrès. Le taux de guérison s'améliore, mais 20 à 25 % des enfants meurent encore. Depuis plus de 10 ans, **Enfants et Santé** s'est donné pour objectif de permettre aux équipes médicales de « Guérir plus et de Guérir mieux » avec le moins de séquelles possibles et les mêmes chances partout en France.*

Nous avons consacré nos ressources, plus de deux millions d'euros, au financement des travaux de recherche menés par les spécialistes avec quelques succès et avancées notoires, mais ce combat n'est pas terminé. Plus la recherche avance, plus les espoirs de guérison sont grands. Et notre ambition est de contribuer au minimum à son financement pour 750 000 euros par an.

*Pour ce faire, **La Fédération Enfants et Santé** a mis en place la troisième édition du concours de poèmes « Un poème de cœur, un poème pour la vie », événement national, afin de sensibiliser le plus grand nombre aux cancers et aux leucémies des enfants et des adolescents.*

Guidés durant toute l'année dans le cadre d'un projet de classe ou d'école, les élèves ont appréhendé le sujet grâce à un projet éducatif transversal avec leur enseignant (dans différentes matières en adéquation avec le programme).

*Après l'appel lancé en septembre 2009, 25 classes de CM2 ont désiré participer à cette troisième édition. Le thème est fort : **L'AMITIE**.*

Leurs poèmes ont été présentés en région dans les centres de cancérologie pédiatrique (3 coups de cœurs régionaux ont été élus), dont le premier a été présenté lors de la grande finale qui a eu lieu à Paris le 27 mai 2010 devant un jury d'experts, présidé par par Guy Mollet-Président de l'association Enfants et Santé Ile-de-France .

Ce recueil regroupe l'ensemble des poèmes réalisés par les élèves ! Merci à eux… et très bonne lecture !

Serge GRILHAULT des FONTAINES
Président de la **Fédération Enfants et Santé**

Enfants et Santé
Alsace

École élémentaire Jacques Gachot

Classe de Nathalie EICHELDINGER

67410 Drusenheim

Poème présenté à la finale

Amitié

De l'amitié, on a toujours faim :
Jamais on n'arrive à satiété …
Quelque fois sucrée ou salée,
Elle vous enivre, comme le vin.

L'amitié est le plus précieux des dons :
De dialogue, elle se nourrit,
Comme la confiance, elle se mérite,
Ne supporte pas la trahison.

Dans le sillon de la vie,
L'amitié n'a pas de prix.
Je voudrais te tendre la main
A cet instant où tu ne vas pas bien.

L'amitié est comme une douce mélodie
Qui te rappelle le sens de ta vie.
Et, telle une belle symphonie,
Toujours, elle te sourit !

Lucie, Linda et Victor

L'amitié

Cette fleur, c'est toi,
Même si tu ne me crois pas,
Cette fleur, c'est toi !
Dans son pollen, il y a ton âme,
Cette fleur c'est toi !
Car en chaque pétale, il y a un peu d'espoir !

Cette fleur, c'est nous
Qui voulons te la donner !
Cette fleur, c'est nous,
Semence d'amitié !

Et dans ce champ de coquelicots,
Il y a tout l'espoir de la Terre !
Et dans cet immense pré,
Là où poussent toutes les fleurs du monde entier,
Nait aujourd'hui la grande plante de l'amitié.

Maurane

Amitié

L'amitié est comme une fleur :
Elle ne fane pas en un jour,
Elle peut durer toute une vie

L'amitié est comme une fleur :
Un pétale pour la douceur,
Un pétale pour le plaisir,
Un pétale pour la confiance,
Un pétale pour le bonheur.

Que notre amitié soit comme une petite étoile
Qui brille au fond de la nuit,
La nuit de ta maladie !

Emma, Enzo, Marine et Valentin

Merci à tous les élèves de la classe de Nathalie EICHEL-DINGER :

ATANOZIO Jérôme
BACHER Marion
BAUMGARTNER William
BERLING Julie
BOUNACHADA Yacine
BRAUN Oriane
DIAS Enzo
DIEBOLD Emma
DUPORGE Lucie
ENYEGUE Julien Cyrus
FRIEDMANN Tiffany
GEBUS Lucas
GERVAIS Marine
HECHT Mélanie
HEINZ Maurane
HUBER Line
KELLER Elian
KELLER Emilien
KELLER Lucie
KLEINMANN Elodie
KORMANN Victor
LAOÛT Lucie
MAZLOUM Linda
MELOUNOU Inès
MOMBER Dylan
PARENTIN David
PETER Claire
ROOS Valentin
SOLDA Lucas
VEITH Pierre
WITTLING Chamsdyne
ZILLIOX Aurélien

École Nathan Katz

Classe de Maryline DIETSCH

68440 Habsheim

Poème présenté à la finale

Mon ami

Nos sourires se sont croisés,
Notre amitié a commencé.
Chaque jour nous rions comme deux fous
Et des secrets, plus de mille, nous avons partagés.

Mais un jour,
Tu m'as quitté
Car la maladie
T'as frappé.

Et chaque jour,
Chaque minute,
Chaque seconde,
J'ai pensé à toi
Et à notre amitié.
Mon ami je n'ai qu'une chose à te dire
Reviens moi bientôt tu me manques !

Emma

Comme il est bon d'aimer

L'amitié c'est discuter, rigoler.
L'amitié ce n'est pas se moquer.
L'amitié c'est partager des moments dans la cour de récré.
L'amitié ce n'est pas se bagarrer.

Mais l'amitié ce n'est pas que les moments de bonheur,
C'est aussi se disputer, ne plus se parler, ne plus être d'accord.

Malgré notre éloignement,
Ces derniers temps,
Toi qui va bientôt rentrer
Tu retrouveras notre amitié
Comme elle n'a jamais été
Plus forte et plus belle encore.

Elliot et Michaël

À toi mon ami

Tu as su me tendre la main
A cet instant où je n'allais pas bien
De nos rires, de nos confessions
Est née de l'affection.
De nos tristesses, de notre complicité
Est née notre amitié.
Mais il ne faut pas que cela reste
Un simple mot de six lettres.

Si un jour tu es en détresse
N'hésite pas à me lancer un S.O.S.
Même si je ne trouve pas les mots,
Ceux qui rendent le monde plus beau.
Même si je suis maladroite,
Tu pourras toujours compter sur moi.

Ne laisse pas la maladie prendre le pas sur ta vie.
Même si aujourd'hui tes larmes sont salées
Demain elles te paraîtront sucrées.

Dans une folle farandole,
Tous tes amis réunis
Fêterons ta nouvelle vie.

Mon ami tu m'as secourue
Alors que je me croyais perdue.
Mon ami tu m'as aidée
Et ça je ne l'oublierais jamais.
Aussi loin que tu sois je veillerais toujours sur toi.

Lou

Merci à tous les élèves de la classe de Maryline DIETSCH:

BAKAK-HEDDAD Mehdi
BECKER Frédéric
BILGER Dylan
CALA Dylan
DILLMANN Julien
DUCHAINE Samuel
DUCHEMIN Léo
EGNY Angélique
FUCHS Sarah
GACHELIN Ludivine
GIRARD Emma
GUTH Baptiste
HAMON Elodie
HARNIST Daniele
KEHR Laurine
KELLER Déborah
KRAFT Justin
MAIRA Loïc
MEY Elliot
MEYER Elisa
MISSUD Quentin
MULLER Elise
PIERSON Lou
PIZZULIN Joanne
REINHARDT Nicolas
SCHNEIDER Michaël
SEEMANN Emilie
STAECHELIN Allan

Enfants et Santé Bourgogne Franche-Comté

École Saint-Joseph Sainte-Ursule

Marie-Françoise FÉLICE

25000 Besançon

Poème présenté à la finale

La belle abeille

Mon ami,
Qu'est-ce qui t'anesthésie ?
Quelle est donc ta maladie ?

Quand tu te réveilles,
Vois-tu le soleil ?
Et quand tu sommeilles,
Entends-tu les abeilles ?

Elles chassent toutes les peurs
Pour laisser pénétrer la lumière
Au fond de ton cœur.
La vie est comme une fleur
Qui s'ouvre aux premières lueurs.
Elle te donne le miel du bonheur
Pour guérir tes larmes de douleur.

Et moi je t'envoie toute ma joie
Rien que pour toi !

La ronde des amies

Mon voisin Henri est si gentil,
Que nous sommes de vrais amis.

Mon copain Martin est si coquin,
Que c'est un lien en quotidien.

Mon confident Baptiste est si sincère,
Que nous formons une belle paire !

Mon cousin Etienne a tant de plaisir,
Qu'il me donne des souvenirs.

Mon meilleur ami Félix a toujours son sourire,
Qui nous fait grandir.

Ma petite amie Elizabeth est tellement chouette,
Que ça me rend « bête » !

Ma copine Julie a tant d'humour,
Qu'on s'amuse tous les jours.

Et toi mon ami,
Veux-tu entrer dans notre ronde
Pour ouvrir un nouveau monde ?

L'amitié par la nature

Je t'écris cette lettre
A la manière des petites bêtes
De la nature
Regarde le beau paysage
Pour te donner du courage.

Tu as vu le mignon
Papillon ?
Courageux et
Amoureux ;
Amoureux de la vie
Qui est une beauté inouïe !

De cette planète bleue
Là où l'on est heureux

Tu as vu la mini
Fourmi
Qui te sourit
Et qui te dit :
« Tu as une maladie,
Le traitement sera réussi ».

Tu seras toujours mon ami
Et nous continuerons notre vie.

Merci à tous les élèves de la classe de Marie-Françoise FELICE :

BUSQUET DE CAUMONT Constance
CALONNE Martin
CHEVREUX Carla
COLIN Hippolyte
COSTE Gaspard
DARCQ Marie
DE VREGILLE Josselin
DESALBRES Rémi
DUCRET Théophane
FETET Agathe
HEDOU Tom
JAQUINOT-FEGA Carl
LECOINTRE Audrey
MAGDA Corentin
MARLE Edouard
MAUCHAIN Carl-Johan
MAZZA Antoine
MONRIBOT-DOLLAT Claire
MULLER Matthieu
PARISOT Romane
PERRIN Jonas
PUTELLI Manon
ROMARY Romane
SCHERRER Nicolas
SOVANT Laurie
TRAMAUX Etienne
VERMOT-DESROCHES Alex
VIENNET Edouard
ANGEBAULT Marjolaine
BOUBEE DE GRAMON Baptyiste
DAMONGEOT Pierre-Albéric
DUMONT Théophile
DUMONT Thomas
NICOD Zoé
TORRES Victoire

École Notre Dame

Classe d'Emmanuelle HOCQUIGNY

21000 Dijon

Poème présenté à la finale

Je voudrais te donner…

Je voudrais te donner :

de l'espoir,
de la joie,

du rire,
de la force,

du soleil,
de la lumière,

des amis,
de l'aide,

de l'amusement,
de l'amour,
un baiser,

Je voudrais te donner de l'amitié !

Ludovic et Killian

L'amitié

L'amour, la gentillesse

Nous aimerions te dire tous les secrets que nous gardons dans
nos cœurs
Te voir guérir nous remplit de bonheur

Enlève la tristesse de tes pensées
L'hôpital, tes blessures et ta maladie partiront
Ta joie et ton courage reviendront

Ta famille te regardera rêver avec gaieté et tu te sentiras aimé

Quand tu reviendras nos tristes pensées se rempliront de joie
Tu seras entouré de mille bras !

Marie, Elsa, Madeleine

Parfois, la vie ne te sourit pas...

Parfois, la vie ne te sourit pas...
Parfois la maladie grandit en toi
Parfois l'hôpital c'est ton toit
Mais parfois les amis sont là
Et parfois, la maladie s'en va
L'amitié c'est pour ça

Léo et Thomas

Merci à tous les élèves de la classe d'Emmanuelle
HOCQUIGNY:

BASTARD ROSSET Zoé
BOISSELIER Marie
BONTEMS Léo
BOUZOUD Killian
CENTRELLA Antoine
CHAILLOT Clara
CHAPPARD Romain
CHORVOZ Lucas
DUBILLARD Lucie
FANT Margaux
HUSSON Clara
JARDOT Valentin
JOUFFROY Madeleine
KRASNIQI Delfin
LAPOSTOLLE Thomas
MARTIN Tristan
MEUNIER Louis
MIGNOT Guillaume
MORET Elsa
MOTIN Lucas
NOEL Ludovic
PAQUET Guillaume
PEREZ Louis
PETRY Adrien
POLI Emma
POZZO DI BORGO Enola
RAYBOIS Alexandre
BULHER Magnus

École Notre Dame

Classe de Frédéric SCHMITT

21000 Dijon

Poème présenté à la finale

La fleur du désert

La maladie est comme un désert
Et un désert a une fin.
Tu trouveras au bout de cette galère
La joie de vivre avec ses copains

Et à leurs côtés l'amitié t'attendra
Telle une fleur qui est là pour germer.
L'amitié au détour du sentier surgira
Comme le printemps qui fait renaître le muguet.

Nicolas et Raphaël

L'ami de toujours

Toi mon ami de toujours
Tu es là pour moi.
Mon copain de chaque jour
Je n'attends plus que toi.
Toi mon ami pour la vie
Nous resterons amis.
Mon ami pour l'infini
Et par delà les épreuves de la vie,
Nous resterons unis.

Arnaud BUDIN et Quentin HAEMMERLE

L'amitié à travers les saisons

Après ce long et rigoureux hiver,
Toi l'ami que je ne connais pas,
Admire la nature en pleine renaissance
Avec toutes ces fleurs et ces bourgeons qui éclosent
Sous la douceur des premiers rayons du soleil.
L'été avec ses blés mûrs qui dansent sous la légère brise
Est là pour nous chauffer le corps et le cœur.
L'automne et ses couleurs jaunes et rouges,
Nous remplit de gaité pour envisager avec sérénité
Les prémisses du nouvel hiver qui s'annonce.
Mais garde dans ton cœur tous les bons moments partagés
Tout au long de cette année.
Ils sont les signes vivants de notre Amitié.

Yanis SAHRAOUI et Raphaël LOPES

Merci à tous les élèves de la classe de Frédéric SCHMITT :

BEZY Octave
BUDIN Arnaud
DUPIC Alexandra
DUSSEAU Pauline
GROS Quentin
GUICHARD Pierre
HAEMMERLE Quentin
HALI Adeline
JACQUOT Stanislas
JAVELIER Anthony
JEAN-CHATEAU-ROUX Raphaël
JONINON Alix
LEDOUX Baptiste
LESUEUR Léopold
LOPES Raphaël
PECH Benjamin
PRAT Baptiste
PUJOL Nicolas
RAOU Célia
SAHRAOUI Yanis
SEGUIN Eugénie
SIRE Lucas
VALEYE Lucas
WALKER Océane

Enfants et Santé
Cœur de France

École Sainte Jeanne d'Arc

Classe d'Anne-Marie VALLET

37150 Bléré

Un ami pour un jour, un ami pour toujours

Tu es comme une rivière asséchée,
Mais l'amitié peut te réconforter.
Quand il y a de l'espoir,
Il y a toujours de la victoire.
Sous ton beau turban multicolore
Tu vois tes cheveux qui tombent encore.
Avec tes copains, les 5 doigts de la main,
Les soins ne peuvent que faire du bien.

Tu attends tes amis,
Allongé sur ton lit,
Dés qu'ils ouvrent la porte,
Tu vois les cadeaux qu'ils apportent.
Et pour vite guérir,
Tes amis vont te soutenir.
Bientôt ensemble, les jeux de ballon,
Les billes et saute – mouton,
Les ballades en forêt,
Les bains à Saint – Tropez !

Louise

La ronde des amis

Une vie sans amis,
Quel ennui !
Avoir de bons amis,
C'est essentiel dans la vie.
On est plus fort contre la maladie,
Pour affronter la leucémie.
Des amis sont venus te voir,
Et t'éclairer d'une lueur d'espoir,
Pour te redonner le moral,
Et sortir de l'hôpital.
Pendant la chimiothérapie,
Tu déteste cette maladie.
Il faut sourire
Pour guérir.
Il faut garder espoir
Pour avoir la gloire.
Tes parents vont te faire soigner,
Soutien et bonheur, ils vont t'apporter,
Pour que de ton cœur
Jaillisse le bonheur.

Martin et Charles

Une lueur d'espoir

Tu ne viens plus en classe
Qu'est-ce qui se passe ?
Tu ne fais plus tes devoirs,
Car tu perds espoir.
Tu as une maladie
C'est la leucémie.
Tu as de l'espoir,
Même si tu es dans le noir.
Tu vas guérir
Car je te fais rire.
Tu retrouves le bonheur,
Quand j'entre dans ton coeur.
Et quand tu rentres en classe,
Ta maladie s'efface.
Puis quand tout est fini
Tu ris.

Aurélie et Lucie

Merci à tous les élèves de la classe d'Anne-Marie VALLET :

ABECASSIS Erin
CHAMPION Bérénice
CHANTIER Alexia
COURTIN Maximilien
CREPIN Charlène
DENIS Clarisse
DEVISMES Louise
DUVAL Lucie
DUVAL Pauline
GARAND Orlan
GOUAS Charles
GOUPIL Lea
KREWER Emma
LACROIX Adrien
LAPIERRE Benjamin
LAVALLEE Lucas
LOISEAU Marine
MAREUSE Laurine
MASSONNET Natacha
PEGUE Charline
PEGUET Loryne
RICARD Martin
ROLLINAT Elsa
ROUAT Aurélie
TESSIER Cloé
VERITE Lucie

École Sainte Croix Sainte Euverte

Classe de Martine DESHAYES

45000 Orléans

Poème présenté à la finale

Ami de la vie

Héros d'un jour
Héros d'une vie
Héros d'un combat

Combat d'un jour
Combat d'une vie
Combat d'une maladie

Maladie d'un jour
Maladie d'une vie
Maladie d'aimer

Aimer un jour
Aimer une vie
Aimer un ami

Ami d'un jour
Ami d'une vie
Ami à la vie

Solitude partagée
Maladie oubliée !

Soline

L'aventure de l'amitié

Main dans la main
Montons dans le même train
Malgré nos différences
Ne vous fiez pas aux apparences
Nous venons vous chercher
Pour l'éternité de l'amitié

Montons dans la même voiture
Partons pour l'aventure
Bravons la maladie
Et sortez de vos lits

Montons dans le même avion
Entrons dans les nuages de la guérison
Chassons cette fichue maladie
Et découvrons une nouvelle vie

Lucas, Stuart, Vincent et Alexis

Toi et Moi

Pour ne plus avoir peur
Pour être comme frère et sœur
Pour combler tout ton cœur.

Pour que tu oublies tout
Pour rire avec nous
Pour être un petit peu fou.

Pour faire jaillir un émoi
Pour te fêter comme un roi
Pour avoir confiance en toi.

Choisis si tu as envie
Deviens mon ami pour la vie.

Chloé et Marie

Merci à tous les élèves de la classe de Martine DESHAYES :

BARBIER Pierre-Louis
BELHOUT Lara
BODO POULAIN Louis
BONGIBAULT Anaîs
BRIAIS Edouard
BUZY Marie
CURIEL Alexandre
DEFRANCE Hugo
FLEURY Jules
FOUGERON Léa
GAPIN-FREHEL Marine-Elixène
GENEST Malo
GIMENEZ Dylan
GRATET Lucas
GROUARD Céline
GUIGNES Cécile
LEGRAND Vincent
LEJEUNE Léa
LYNCHE Stuart
MASSARD Gaëtan
MIRAULT CHANDON Soline
POTEL Lou-Anne
REINEAU Chloé
RENARD Honorine
RIBEIRO Alexis
VIEIRA Emerson
VINCENS Baptiste
VUONG Mathilde
WIJNEN Cécile
ZAYONNET Justin

École Sainte Croix Sainte Euverte

Classe de Dominique GERARD

45000 Orléans

Poème présenté à la finale

Aider les plus petits,
Mériter la confiance
Ignorer ceux qui vous méprisent,
Tendre les bras
Inviter à partager
Ecoute l'appel .

Espérer la guérison
Transformer la vie

Sourire à l'inconnu
Oublier la douleur
Utiliser vos forces
Fondre en larmes
Faire rire aux éclats
Renforcer vos liens.
Accueillir les bonnes nouvelles
Ne jamais perdre espoir
Car l'amitié
Est plus forte que la souffrance.

Guillaume

L'amitié pour la vie

Je suis heureuse
Et toujours joyeuse
Je t'ouvre mon cœur
Amis pour toujours.

Pour la vie tu mérites !
Je t'aiderai avec un sourire
Prends patience
Et courage !

Dans la vie à chaque pas
Je serai là près de toi
Ensemble nous irons loin
Et tu auras des bons soins.

Je te suivrai pour t'aider
Tu as la volonté
Même dans la maladie
Ne la perds pas, c'est ta vie !

Aurore

Aimer un enfant malade…

Aimer un enfant malade, c'est rire de la maladie.
Aimer un enfant malade, c'est s'entraider entre amis.
Aimer un enfant malade, c'est l'aider à guérir.
Aimer un enfant malade, c'est lui offrir un avenir plein de ten-
dresse et de sagesse.
Aimer un enfant malade, c'est donner la joie de vivre.

Auxane

Merci à tous les élèves de la classe de Dominique GERARD :

BARLUET DE BEAUCHESNE Louis
BIANCHI Sébastien
CRUCHET Louis
DAVREY Aurore
DE LA BOISSIERE Guillaume
DEBARD Sarah
DION Maximilien
GAFFAJOLI Thomas
GAUTHIER Maxime
GOUEFFON Quentin
GOUGEON Raphaël
GRIMAUD Thomas
HARNOIS Thibaud
LANGEN Baptiste
LAVISSE Sacha
LE DISEZ Myliann
LHUILLERY Tom
MASSON Lucas
MIGNONNEAUD Thiphaine
MORICE Louis
OLLIVIER Antoine
OTERNAUD Astrid
PAGOT Auxane
PINSON Maëlys
QUERNEC Thomas
REGNARD Gwénola
ROBIN Eugénie
TESSIER Pauline

École Sainte Croix Sainte Euverte

Classe de Sophie RAYSSEGUIER

45000 Orléans

Poème présenté à la finale

Maladie et amitié selon Gavroche

Je suis tombé malade, c'est la faute à Schérazade.
J'ai un gros lumbago, c'est la faute à Rousseau
Un très grand mal de dos, c'est la faute à Perrault
Je me suis évanoui, c'est la faute à Lully.

Mes parents m'ont
Emmené à l'hôpital.
Dans cette immense salle,
J'étais vraiment au plus mal.
Le médecin, tout gentil,
M'a présenté des amis,
Et dix minutes plus tard,
Je dormais comme un petit loir.
J'ai toujours le lumbago, c'est la faute à Rousseau
Un très grand mal de dos, c'est la faute à Perrault
Je m'évanouis souvent, c'est la faute à Duchamps
Mais j'ai beaucoup d'amis, c'est grâce à Marie Curie.

Avec tous mes amis,
On joue à plein de jeux.
Je ne les connaissais pas,
Mais c'est encore mieux.

On restera amis,
Pour le meilleur, et pour le pire.

Car quoiqu'il arrive,
On finit toujours par rire !

On me connaît partout,
Dans toutes les salles d'hôpital
Je suis aimé partout
Et je n'ai presque plus mal.
Je ris de ce qu'il se passe
Et de ce qui s'est passé.
Sans savoir à l'avance,
De quoi de vais rigoler.

Mes ennuis sont partis, c'est grâce à mes amis…

Je m'amuse vraiment bien, c'est grâce à Dujardin
Je serai bientôt guéri, c'est grâce à Lully
Je regretterai cet endroit, c'est la faute à Dumas
Je ne suis plus fiévreux, c'est grâce à Montesquieu.

J'étais malade avant, c'était la faute à Duchamps
J'avais un lumbago, c'était la faute à Rousseau
Un très grand mal de dos, c'était la faute à Perrault
Maintenant, je suis guéri, c'est grâce à tous mes amis.
L'amitié vainc tout de même la maladie.

Marie et Bénédicte

Le portrait de l'Amitié

D'abord peindre le fond du tableau avec des couleurs vives comme celles de l'arc-en-ciel.

Peindre ensuite.

la joie,
l'envie,
le bonheur
et l'Amitié beaucoup d'Amitié, partout, à chaque endroit et à chaque moment.

Placer ensuite le tableau dans un hôpital rempli de malades.
Et pour finir, attendre des jours, des années s'il le faut pour que le tableau guérisse les malades.

Et toutes ces couleurs offriront beaucoup de bonheur dans leur cœur.

Paul, François et Léandre

Réunion de maladie

Ma mère Julia part du Nigéria où elle a attrapé la grippe A.
Mon père Louis débarque de Paris accompagné d'insomnie.
Ma sœur Margot vient du Congo avec une gastro.
Mon frère Valentin part du Cotentin avec de reins.

Ma tante Irène vient de Saint Hélène avec la migraine.
Mon oncle Simon atterrit du Japon accompagné des oreillons.
Ma cousine Lilou vient du Pérou avec la toux.
Mon cousin Robert atterrit du Niger suivi de la grippe aviaire.

Ma marraine Marine amerrit de Chine avec l'angine.
Mon parrain Quentin vient du Limousin avec un rhume des foins.
Ma nièce Salomé débarque de Guinée où elle a attrapé la diarrhée.
Mon neveu Hippolyte arrive d'Arabie Saoudite avec une rhino-pharyngite.

Ma famille est au complet,
Une table pleine de maladies,
Mais, surtout pleine d'amitié.

Ils viennent de tous les pays, mais ils restent unis,
Rien n'est plus fort que l'amitié,
Pour oublier tous nos ennuis.

Justine et Domitille

Merci à tous les élèves de la classe de Sophie RAYSSE-GUIER :

BARON Justine
BARROSO Valentin
BEAUGÉ Jean
BOYER Louis
BURELLE Domitille
CARPENTIER Constance
DE MIRIBEL Grégoire
DELCAMBRE Léandre
DELEDICQ François
DENIZOT Marie
DOLEANS Maxime
ETHORE Clément
FERREIRA Adrien
GAILLARD Amaury
GIRARD Agathe
ISELIN Hélène
JULG Bénédicte
KORB Albane
LANQUETIN Manon
LEBRARD Wulfran
Pion Jean Meunier
MOREAU Mélissande
OLLIER Paul
PALADINO Nathan
PALAIM Etienne
PONS Clara
POULET Alexis
REROLLE Diane
RUSSO Evan
SAVIARD Annie
VARD Justine

École Sainte Thérèse

Classe de Marie-Paule BOISSINOT

37320 Esvres

Poème présenté à la finale

Le bateau guérisseur

Le bateau guérisseur,
Guérit en jours et en heures.
Les clowns marins,
Veulent faire rire chacun.

Parfois des camarades,
Réconfortent les malades.
L'amitié est sacrée,
Les patients seront sur pied.

Voyons porte 313,
Le patient est à son aise
Vérifions porte 20,
Le malade prend ses soins

Le bateau guérisseur,
Ecarte sans arrêt le malheur.
Et nos amis,
Seront pleins d'énergie.

Pierre-Antoine

Je pense à toi

Je pense à toi
Du fond de mon cœur
Je ne veux pas
Que tu connaisses le malheur

Je pense à toi
Tous les jours de la semaine
Notre amitié est un choix
Solide comme les maillons d'une chaîne.

Tu es tombé dans un ravin
Dont tu n'es jamais sorti
Attrape cette corde, ce lien
Et reviens parmi nous, ici.

Continue de te battre
Avec moi
Car je ne t'oublierai pas
Je pense à toi.

Marceau

Une amie

Une amie doit être aimée
Et non délaissée
C'est pourquoi je t'envoie ce message
Avec un peu de courage.

Une amie devrait être respectée
Mais jamais ignorée !
Sache que je suis sûre que tu vas revenir
Avec le sourire.

On a beau se quitter
Je ne t'oublierai jamais
Même si on s'est disputées
Pour des raisons oubliées.

Nous allons repartir
Dans nos souvenirs
Et je verrai l'enfant
Que je voyais avant.

Camille

Merci à tous les élèves de la classe de Marie-Paule BOISSINOT:

ARNOULT Mégane
DELHOMMAIS Chloé
DESPLANQUES Raphaël
FICHET Juliette
FILLON Roxane
GASSOT Alix
GONCALVES Tatiana
GRIMEAUD Maéna
LAMARCHE Adrien
LEVEQUE Callie
PERDRIAT Valentin
PERROUAULT Léo
PIGNON Ombeline
POIRIER Marie
PUIG Emma
RAMAT Maxime
REMMERIE Elise
ROBIN Simon
ROUZAUD Jean-Michel
ROY Marceau
ROY Pierre-Antoine
RUELLAN Louise
TRIBALLIER Charlotte
VASQUEZ Camille
VIOLLEAU Romane
VOISIN Baptiste

Enfants et Santé Provence Côte d'Azur Corse

École Jules Ferry

Classe de Noëlle WEBER

84110 Vaison la Romaine

Poème présenté à la finale

Cadeau

Un lundi après-midi
Au supermarché,
J'ai trouvé un bocal d'amitié.

Sans savoir que mes amis
L'avaient déposé pour moi
Je l'ai gardé
Et je les ai remerciés.

Sans savoir si j'aurais
Autant à leur offrir
Un jour le bocal est tombé
En laissant s'échapper
Un cœur doré

Qu'un oiseau blanc
A emporté
Pour leur donner.

Arthur

Poème coup de coeur

Si l'amitié

Si l'amitié était une fleur,
Ce serait une belle de jour
Qui nous parfumerait de ses senteurs,
Annonçant l'arrivée des beaux jours.

Si l'amitié était une étoile,
On aurait rendez-vous en août,
On naviguerait à travers voiles,
A la rencontre de la Grande Ourse.

Si l'amitié avait un visage,
Ce serait celui de ta douce maman
Qui nourrirait tes plus belles images,
Accompagnant tes souffrances à tout
Instant.

Si l'amitié était un animal
Ce serait ton petit Anibal
Qui illuminerait ta vie de non-voyant
T'aidant dans tous tes déplacements.

Chloé

Ami fidèle

Je t'offre le soleil de mon cœur
Pour t'aider à lutter
Grâce à la force indomptable
De l'amour et de l'amitié.

Tu ne dois pas te décourager
Reste confiant pour vaincre ta maladie,
Accepte mon amitié
Sortie tout droit de mon cœur.

Nous, tes copains, croyons en toi
Tu nous manques, reviens vite.
Nous ne t'abandonnerons jamais,
Car rien n'est plus fort que l'amitié.

Anaïs, Charlotte

Merci à tous les élèves de la classe de Noëlle WEBER :

ALLEMAND Elliot
ATTOUT Amal
BERNARDI Vito
BONNET Jonathan
BOUSSANTOUH Leïla
BOUSSEKINE Radia
BOYER Aurore
BOYER Noémie
CHEUYDI Pornphan Diana
DAUTREY Tépoé
DECOCQ Rémi
DERBIER Chloé
DUROUGE Jade
GARRIDO Etienne
LAM Adam
MANENT Anaïs
MARTINEZ Maria
MAZALEYRAT Vincent
NEVEUX Charlotte
PIPARD Arthur
POTTIER Mélinda
RE Emma
VÖGELE Emilie

École Émile Zola

Classe d'Yvon BEAUVAIS

84110 Vaison la Romaine

Poème présenté à la finale

Mon meilleur ami

Savez-vous ce qu'est un meilleur ami ?

C'est une personne à qui l'on peut tout confier,
C'est aussi la personne préférée,
La personne à qui l'on promet d'être à jamais fidèle.
Mais parfois, ce lien se rompt,
Pour quelque chose sans importance, un oui un non ;
Ce jour là, l'un et l'autre ne se regardent plus,
C'est comme ça, on ne s'entend plus.

Les disputes s'enchaînent, les reproches aussi.
Le téléphone et l'ordinateur ne s'allument plus,
Mais qu'a-t-il bien pu se passer ?
Pour que deux amis si liés soient ainsi séparés ?
Pourtant ils s'adoraient,
L'un reproche à l'autre,
Ce que l'autre n'arrive pas à comprendre ?
Et tous les deux vivent dans les regrets et les remords
Ils cherchent ou ils ont eu tort.
C'est ainsi !

Matthieu

C'est ainsi

La lune ne peut éclairer la dune
Comme elle a éclairé
Notre amitié,
Sur ce chemin lumineux
Rempli de liens affectueux
De rires et de jeux
A n'en plus finir
Un ange a ficelé ce sentiment merveilleux
Notre amitié pour l'éternité.

Axelle et Jessy

Les larmes

Un jour l'amour rencontre l'amitié et lui demande :
Mais au fait à quoi sers-tu ?
« Tout simplement à essuyer les larmes que tu as fait couler !

Axelle et Jessy

À la sueur du front

Il existe des endroits ou le travail est roi
Ou on en oublie l'homme et ses droits
La vie est précieuse et si délicieuse
Alors que pour certains elle est si malheureuse
Se lever tôt et déjà avoir mal
Retrouver le travail avec le visage pale
Usé, fatigué, fragilisé
Ressemblant d'avantage à un homme âgé
Preuve que se cache une triste réalité
Une misère qui permettra à peine de manger
Et qui ne suffira pas pour être en bonne santé
Un enfant doit se lever avec le sourire
Grandir et espérer se construire un avenir
Profiter de sa vie pour pouvoir s'épanouir.

Anh-Huy

Merci à tous les élèves de la classe d'Yvon BEAUVAIS :

ARDAU Erwan
AZZINARI Axelle
BERNARD Léa
BERNARD Tiphaine
BRUN Anaëlle
CALVET Matthieu
COUTTET Jessy
DUCES Gaëtan
DULUCQ Nathan
EL GUENNOUNI Iness
EL MAAZOUZI Karim
FAULCONNIER Anaïs
FERNANDEZ Camille
GNILKA Juliette
GUZEL OZLEM
LE BRAS Mérile
MAILLET Lucie
MANCINI Giulia
OBELISCO Pablo
SHELLARD Robin
TRAN Anh-Huy

École Beaumont Bombardière

Classe de Laurence GRAS

13000 Marseille

Poème présenté à la finale

Lettre d'ami

Je t'ai vu partir, tu m'as vu pleurer.
A la récré j'étais seul, je m'ennuyais.
J'étais comme brusqué par mes pensées.
Je ne pouvais plus patienter jusqu'à ton arrivée.

Alors il m'est venu l'idée de t'écrire une lettre.
J'ai voulu t'offrir la meilleure des lettres.
Et quand je te l'ai envoyée,
Je l'ai trouvé tellement laide que je me suis senti ridicule.

Mais au fond de moi je me disais que je n'étais,
Ni Victor Hugo, ni William Shakespeare.
Mais cette lettre vient du Coeur, c'est une lettre d'ami.
Et amis pour la vie.

Haddlen

Poème coup de coeur

Une amie pour la vie

Quand j'ai su que tu étais à l'hôpital,
J'ai couru jusqu'à toi sans m'arrêter une seule fois.
Pour te montrer que je tiens à toi,
Et que je ne t'oublie pas.

Quand je dors je pense à toi.
Quand je chante je chante pour toi.
Quand je parle je parle de toi.
Quand je danse c'est pour toi.

Quand j'écris c'est pour toi.
Quand je pleure c'est pour toi.
Quand je fais un cadeau c'est pour toi.
Quand je vois la fleur Lilas je pense à toi.

Lila je te prouve que je tiens à toi

Harmonye, Alexandra et Emma.

Mon ami Uririusse

Tu es parti,
Uririusse tu me manques.

Mais marche ! Mon ami marche !
Envole-toi.

Montre que tu es comme nous.
Avec toi je suis bien, donc reviens.
Ne t'arrête pas, fais ta vie.
Que fais-tu ?
Uririusse mon ami,
Est-ce que tu te soignes bien ?
Si oui, alors cesse de pleurer.

Mon ami,
Organise une nouvelle vie,
Non pas pour moi mais pour toi.

Apprends-tu comme nous,
Même si tu es malade ?
Impatient de te revoir, je t'attends comme un fou.

Benjamin

Merci à tous les élèves de la classe de Laurence GRAS:

BIAU Clara
BONNEFOND Benjamin
BOUSSEDOUR Ghaïs
COLLOD Romane
CORTES Eddy
DER ARSENIAN Armand
DOTTORI Estelle
GATTUSO Anthony
GAY Estelle
GIARDINA Léonie
LEVY Thomas
MAZIRA Haddlen
MECHACHE Christopher
PELLEGRINO Harmonye
PETIT Alexandra
REGE Maxime
ROGUIEZ Yoan
SCHIFANO Emma
TORINO Thomas

École Albéric Laurent

Classe de Cathy BARULEA

13100 Aix en Provence

Poème présenté à la finale

La Rime de l'Amitié

L'Amitié c'est un copain
Qui nous tient par la main
C'est un ami si gentil
Qui en tous les cas est délicat
Sa confiance est une alliance
La clé de l'Amitié c'est le respect
C'est un trésor à préserver
Un diamant à protéger
Garder Espoir même le soir
Ça c'est l'Amitié,
Bien parlé !

Anouck et Louise

Une recette pour l'Amitié

Il faut 500 grammes d'amis
Pour réussir dans la vie

Une poignée de chance
Pour un bonheur immense

Une pincée d'humour
Pour tous ceux qui t'entourent

Une louche de courage
Pour briser ta cage

Même dans le noir
Il faut garder espoir

Quand la peur frappe à ta porte
Pense à moi pour qu'elle sorte.

Pénélope, Sihem, Nina et Léna

Poème coup de coeur

Depuis l'éternité, l'Amitié, on ne peut s'en passer,
L'Amitié, c'est un ciel étoilé dans la nuit,
Dans le jour c'est un soleil qui brille.
Pense aux autres, à ceux que tu aimes,
Tu auras peut-être des hauts et des bas,
Mais tes proches seront toujours là.
L'Amitié c'est un fil qui peut casser,
Mais on peut toujours le ressouder.

Maxime, Benjamin, Kévin et Thomas

Merci à tous les élèves de la classe de Cathy BARULEA:

ADAM Inès
AUPY Anouck
BAYLE Léna
BOUBAKER Sihem
CYR Jocelyn
DAMMANN Valentin
DEVICTOR Timothée
DILLEE Nina
GAUDIN Thomas
GRAFFIN Paco
LAMOUROUX Maxime
LARRAUD Damien
LUVERA Vincent
MAINETTI Lucien
MUTSCHLER Kévin
PANTELIAS Pénélope
PIANA- DEVISMES Marine
RIBEIRO Louise
ROUVET Benjamin
SIRVENT Matthäus
VAN CAPPELLEN Oscar
VAN CAPPELLEN Victor

Enfants et Santé
Ile-de-France

École primaire des Cerisiers

Classe de Benoît QUENEY

77400 Thorigny sur Marne

Poème présenté à la finale

Tu es là…

Toi mon ami
Qui souffre de cette maladie.

Toi mon ami
Depuis que tu es parti le ciel est gris,
Cette méchante maladie nous a privés de notre amitié.
Dans la classe plus personne ne sourit.

Toi mon ami
Qui souffre de cette maladie.

Je sais que dans ton cœur il pleut,
Que tu es malheureux,
Mais de nous tous
C'est toi le plus courageux.

Dans la cour, tu es le plus fort
Personne ne te défie,
Et devant cette méchante maladie
On sait que tu vas redoubler d'efforts.

Nous, on te connait bien
Car tu es notre copain,
Cette épreuve, on la passe avec toi,
On a hâte de te retrouver là…

Marouane

Humm… la joie de vivre

Offrons la joie de vivre aux enfants,
Donnons-leur comme les magnifiques rayons du soleil
Pour qu'ils jouent comme si rien ne s'était passé.

Offrons la joie de vivre aux enfants,
Donnons-leur comme une baguette magique
Qui répand l'amitié.
Comme si cette baguette magique était tout notre espoir.
Qu'une journée au moins la magie soit égale à l'amitié.

Offrons la joie de vivre aux enfants,
Qu'une journée au moins la joie de vivre soit vendue à petits prix.
Les enfants prendront de leurs mains cette joie
Et la vie serait plus jolie.
Ils la graveront dans notre cœur qui tout d'un coup ne sera plus
tout petit.

Margot

Toi et mon cœur

Toi, tu comprends mon cœur.
Toi et moi, on est frère et sœur.

Toi, tu es mon conseiller, mon protégé.
Toi et moi, on s'est toujours bien amusé.

Toi, quand tu es parti, il y a eu un problème dans ma vie.
Toi et moi, on est les meilleurs amis.

Toi, je veux te rendre heureux.
Toi et moi, on a inventé plein de jeux.

Toi, tu es malade mais c'est comme ça.
Toi et moi, on refera nos soirées « pyjama ».

Toi, mon ami, je te dis que tu fais partie de ma joie.
Toi, tu es comme moi.

Marie

Merci à tous les élèves de la classe de Benoît QUENEY :

BENADDA Leïla
BENKHELIL Dania
CAMPOS SUAREZ Valentin
CARNAT Margot
COCARD Nicolas
DAO NGUYEN Florian
DARNE Alexis
DAUDE Grégory
DIVARET Baptiste
DUPLOUICH Marie
DURIVAULT Zoé
GOUKOUNI Youssouf
HAMIDAT Linda
JAWORSKI Emanuelle
JOSEPH Myriam
LE SAUX Alan
LEBRUN Ophélie
LEGRIS Hugo
MATHIEU Laure
RALIJERISON Naly
RANDI Claire
RAULT Océane
SANOGO Mina-Kadidia
SIEK Cédric
SPINELLI Dylan
SWEETLOVE Maxime
VERGE-DEPRE Mélanie
ZANELLI Manon
ZAOUI Marouane

École élémentaire Daumesnil

Classe de Corinne RUTBI

75012 Paris

Poème présenté à la finale

La réelle amitié

La réelle amitié d'un ami est sacrée
Un merveilleux trésor qu'il faut protéger
L'amitié il en faut toujours avec un soupçon d'amour
Je vois dans ma tête une image
Où tu as eu beaucoup de courage
Je t'ai vu à l'hôpital et tu avais très mal
J'ai su te tendre la main
A l'instant où tu n'allais pas bien
Je n'oublierai jamais mon véritable ami
Auquel je me suis confié toute ma vie.

Wenjing

Je sens ton cœur...

Je sens ton coeur battre de peur
Mais le bonheur prend le dessus.

Je te souris
Tu vas guérir !

La lumière t'éclaire,
C'est bon tu es guéri.

Je serais toujours avec toi
Car sans toi je ne serais rien !

Et si le lien qui nous uni
Se brise un jour en deux
Je pourrais te dire adieu !

Mais cela n'arrivera jamais
Car tu seras toujours mon ami
Mon ami, pour la vie.

Quoiqu'il arrive
Je serais là pour toi
Car l'amitié ne s'efface pas !

Charlotte

Mais quel est ce sentiment ?

Je sens un sentiment
Qui monte en moi dés que je te vois.
Il monte, monte étrangement
Mais je ne sais pas qui l'arrêtera.

Est ce que je suis amoureuse ? Est ce que je t'aime bien ?
Peut-être je n'en sais rien
Mais en tout cas
Je ne sais pas qui l'arrêtera.

Mais maintenant que tu n'es plus une enfant
J'ai trouvé ce que je voulais exprimer
Je voulais partager
Le sentiment de la véritable amitié.

Anaïs

Un ami

Un ami c'est petit à petit qu'on se le fait
On le regarde discrètement,
Il nous regarde un peu lui aussi
On l'apprivoise
On lui dit
Notre âge
Notre nom
Notre passion.
Une idée qui fleurit
Un rire qui nous unit
Des bêtises qui solidifient notre amitié.
Un petit club d'amis contre la maladie !

Romane

Merci à tous les élèves de la classe de Corinne RUTBI :

BEAU Adrien
BENAIS Ethan
BENLOULOU Manon
BOUDOUMI Adem
CHEREQUE Charlotte
CORNEVIN Julien
COSTES Nina
DANIEL Marie-Louise
DELETANG Jean
EL HARIRI Houssam
FAGES Mathieu
FOFANA Fatoumata
FUSCO Mathis
GABARDI Lamayaa
GAUZINS Thomas
HUMPHREY-WEBSTER Cameron
INGELET Anaïs
PINCON Frédéric
PINEDA ARMAND
PLEUX Camille
PLOURDEAU Lucie
QUERTEUX Léa
REMY Lawrence
ROZENBERG Théo
SEGUIER Romane
TANG Wen jing
TOUTANT Antoine
VINCENT Thao
VOLAKAS Alexandre
ZAIATI Rayane

Enfants et Santé
Rhône-Loire

Classe de Marie DESCOMBE & Dominique CABAUD

69440 Mornant

Poème présenté à la finale

Les Amis

On ne va pas rester dans son bocal
Reçois une trace de signe amical
Et la vie redevient normale.
Moi, je n'ai jamais eu de rival,
Et ce n'est pas si mal.
Et même si un matin
Tu ne te sens pas bien,
Un bon copain,
Et le moral revient.
Les amis,
Moi ça me réussit,
Et à vous aussi.
Quand tu prends conscience
Que tu peux leur faire confiance,
Ça apaise tes souffrances.
L'amitié n'a pas de prix,
Tu peux te faire des amis
Quand tu en as envie.

Vincent et Emilien

Le Printemps de l'Amitié

Le Partage de mon goûter,
Le bouRgeon du rosier,
Les prImevères de l'année,
Le chaNt de la solidarité,
La naTurelle douceur du vent,
L'ensEmble des enfants,
Les Merveilleuses collines,
Le Pardon de l'ami qui comprend,
C'eSt l'amitié.
La Douceur des saisons,
La patiencE du copain.
Le Livre de la tendresse,
L'Amour et la gaieté,
Le Merci de l'ami qui écoute,
La lumIère qui guide sur le chemin,
La forêT de la bonne humeur,
Le sIlence des secrets partagés,
L'amitiE est une source de vie.

Marie et Eloïse

Les Amis

Les amis,
On peut s'en faire toute la vie,
Qu'on soit malade ou qu'on soit bien,
On aura toujours des copains.
On peut s'offrir des sourires,
Ça n'a pas de prix et ça fait plaisir.
Même si on ne peut partir à la mer,
Ensemble on pourra toujours sentir le parfum de l'air !
Bientôt un monde nouveau et très beau
S'ouvrira pour nous sans dire un mot.

Maëlys et Malo

Merci à tous les élèves de la classe de Marie DESCOMBE et Dominique CABAUD :

BAJARD Line
BERLAN Emilien
BOLIAN Robin
BONJOUR Alexandre
BONNAFOUS Titouan
BOUQUET Pablo
BOUVET Malo
BRETAIRE Thomas
CERNADA Savio
CLEMENTE Enzo
COGNET Marie
COMBET Clément
COWLES Elliott
CRESTEIL Hugo
DARNIS Victorine
FREMION Maelle
GRANJON Eloïse
HERMANT Lola
JAILLET Victorine
JOLY Lisa
LACOMBE Axel
NEGRE Téo
NESME Camille
ONFRAY Vincent
PONS Quentin
PUECH Lola
REVOLLET Cyril
TIDONA Enzo
VIRICEL Maëlys
ZINSCH Charles

École Privée Jayol

Classe d'Yvan ESCOT et Florence FLEURY

Poème présenté à la finale

L'amitié, c'est sacré

L'amitié, c'est sacré
On peut en pleurer
Mais aussi en rigoler.
On s'en fait toute une histoire
Mais il faut garder espoir
Et croire en ses pouvoirs.
S'occuper de toi
Et de t'aimer d'ici et là
Avoir de la chance et rester soi.
Plus de malheurs
C'est bientôt l'heure
De guérir et penser au bonheur.

Iliona

Les sentiers de l'amitié

Amour, joie, Amitié,
Le vrai plaisir c'est d'aimer,
Ensemble mais parfois séparés,
Cette année, soit réconforté.
Cette poésie est pour toi,
Tous les jours je pense à toi,
Garde le courage et l'espoir,
Chaque jour et chaque soir.
Il reviendra l'amour,
Mais aussi l'humour,
Soit confiant,
Car tu deviens grand.
Soigne-toi bien,
Et demain,
Tu te sentiras mieux,
Tu seras plus heureux.
Mais pour l'instant, fais tes bagages,
Et pars en voyage,
Sur les sentiers,
De l'amitié.

Sophie-Charlotte

L'amitié

Ne pleure pas et crois en toi,
Demain tu dormiras chez moi,
Je t'envoie mes meilleurs vœux,
Et surtout sois bien heureux.
Ne pleure pas et sois apprécié,
N'oublie jamais nos temps partagés,
Quand tu étais bien soigné,
J'ai de la chance de t'avoir rencontré.
Ne pleure pas et sois merveilleux,
Tu seras super courageux,
Et surtout, très, très joyeux,
Je t'adore, je pense à toi.
SOIGNE- TOI.

Lucie

Merci à tous les élèves de la classe d'Yvan ESCOT et Florence FLEURY :

ASFAUX Laurine
COLOMBET Lucie
DEMION Constance
DEVIDAL Jules
GALLO Emma
GOUZY Clara
GUILLO Thomas
HAON Hugo
JUILLARD Tiphaine
JUSNAUX Ilona
LACOUR Roxane
LARGIER Pierre
LE GALL Louise
MASSON Jade
MAYOUSSIER Alice
PETIT Charles
PEYCELON Constance
POULY Iliona
RAVEL Olivia
RICHARD Sophie-Charlotte
ROLLET Bastien
ROURE Couhande
SAVIN Antoine
SINIBALDI Léo
TARABON Maxime
UJHELYI Nathan

École Privée Jayol

Classe d'Estelle MERLE et Valérie CHAPELON

42170 Saint Just Saint Rambert

Poème présenté à la finale

L'Amitié

Un sentiment qui se partage à deux,
Des liens très forts se créent, tu es heureux !
Enfin, tu peux m'appeler ami,
Ensemble nous découvrons la vie.
Ami d'école ou ami de vacances,
Peu importe c'est pour la vie,
L'amitié nous comble de joie et d'espérance,
Et nous tient en sursis.
Vaut-il mieux avoir un ami ou des amis ?
Peu importe la quantité,
C'est la qualité de l'amitié,
Qui nous lie pour la vie.
A quoi sert l'amitié ?
Si personne ne peut l'exprimer.
Sympathie et complicité,
L'amitié c'est pour la vie.

Eva

La guirlande de l'amitié

Amitié pour dire « je t'aime »
Pleurer pour dire « soulager »
Rencontrer pour dire « se marier »
S'amuser pour dire « amie »
Coeur pour dire « rougie »
Vie pour dire « amitié éternelle »
Ensemble à jamais pour dire « je me souviens »
Histoire pour dire « amour »
Unir pour dire « souder »
Blague pour dire « rigoler »
Heureux pour dire « joyeux »
Groupe pour dire « ensemble »
Et douze mots gentils
Pour que tu sois guérie.

Simon

L'amitié

C'est dans un grand hôpital
Aux couleurs vives et banales
Qu'on essaye de vous soigner
Mais ce n'est jamais gagné.
Si la maladie vous a touchés,
Grâce à votre volonté
La rage de vouloir gagner
Vous allez peut-être y arriver.
Si l'amitié vous a soignés
Votre coeur sera soulagé
Si vous ouvrez ce trésor
Vous serez soignés par un bisou d'or.

Nicolas Dussauze

Merci à tous les élèves de la classe d'Estelle MERLE et Valérie CHAPELON :

BIANCHIN Eva
BRUNON Bastien
CHARBONNIER Paul
DUSSAUZE Nicolas
FAYARD Estelle
GALLO Aglaé
LIOGIER Arno
PONOT Sacha
RENOUIL Zoé
SAINT-ROMAIN Axel
SOUVIGNET Florence
TEZENAS DU MONTCEL Léa
TOUZAC Mathias
VACHER Hugo
VALENTIN Erménilde
BISIAUX Manon
EMIEUX Valentine
IANNETTA Laurène
LOTTIAUX Alexis
POINTUD Simon
ROCHE Alexandre
STECHENKO Léna

Enfants et Santé
Nord Pas-de-Calais
Somme

École élémentaire

Classe de Sophie BREVIERE

62129 Ecques

Poème présenté à la finale

L'amitié

L'amitié est là
La maladie aussi.
Il faut le combat
Et l'amitié aussi.
Il faut résister,
Et ne pas paniquer.
Nous sommes là :
Sans t'abandonner
Et sans te laisser tomber.
On t'aidera
Pour le combat.
Tu es fort !
Et tu réussiras !
Nous forcerons
Pour cette chose
Qui empêche tout.
De cette grande vie,
Que tu as à vivre.
Comme tous les gens de cette planète,
Nous détruirons ces microbes,
Et nous t'aiderons à en recueillir de bons
Pour la vie !
En espérant tout le meilleur pour toi.

L'amitié d'une amie….

C'est une vrai petite caresse,
Pleine de tendresse ;
Comme un bouquet de fleurs
Qui nous va droit au cœur.
L'amitié, c'est aussi
Une grande amie,
Pour la vie…
Que ce soit avec maladie ou soucis.
Je te le dis du fond du cœur :
Tu es pour moi une grande sœur,
Et que notre amitié
Durera jusqu'à l'éternité.

Léa

Toi qui es malade, qui es si triste,
Tu aimerais être joyeux, écoute un peu :

Quand tu es avec tes copains, tu n'as plus de chagrin.
Quand on est séparé le chagrin vient t'embêter.

L'amitié est un lien fort, un lien qui nous unit,
Avec nos proches et nos amis, tous contre la maladie !

Mais même si on a la leucémie,
On a beaucoup d'amis, qui eux n'ont pas cette terrible maladie
Et qui te disent « Courage » dans leur langage.

-« Bats toi », tu vas bientôt tourner la page.
A ton âge, on est toujours avec toi, même si on n'est pas là.

Nous allons lutter ensemble,
Ensemble contre cette maladie qui te détruit.

Je sais que c'est embêtant de prendre toujours ces médicaments,
Et sans arrêt ces prises de sang….
S'il te plait, ne nous quitte pas !
Ne pars pas, on a besoin de toi !
BATS TOI, et tu vaincras : cette leucémie, ton ennemie.
Et quand tu seras guéri, ce sera le paradis.

Car l'amitié a tant de valeurs qu'elle nous remplit de bonheur.

Je t'ai donné ce poème pour l'amitié de notre cœur.

Merci à tous les élèves de la classe de Sophie BREVIERE :

CM1
ANANIE Léo
BACHELET Valentin
BREBION Antoine
COFFRE Mélyna
GEORGE Tiphaine
HOCHART Charlotte
HUDELLE Laura
HUTIN Jordan
KOZIEROWSKI Marina
LORRY Héloïse
MACKE Jérémy
MERELLE Dorian
RAIMOND Alice
SERGEANT Léa
VELS Simon

CM2
BATEMAN Clélia
BOUTON Océane
BOYAVAL Jean- Claude
DELATTRE Jordan
DEVAUX Martine
DOUILLET Thomas
DUFAY Maxence
FORESTIER Bastien
GODIN Tanguy
HABERT Antoine
HERBAUT Manon
LAURENTIE Emilie
MOREN Cloé

Enfants et Santé Pyrénées Languedoc Roussillon

École de Savignargues

Classe de Barbara BERNE

30350 Savignargues

Poème présenté à la finale

Cette maladie n'est pas chouette ;
Tu dois te battre comme une bête ;
Ça doit pas être rigolo,
Ça doit être plutôt ballot.

Y en a qui ferait semblant ;
Mais toi alors pas vraiment ;
Les autres, ils ne s'en doutent pas ;
Mais toi t'es tout seul là-bas.

Les criquets font que chanter ;
Et toi t'es hospitalisé ;
Tu es vraiment très malade ;
Viens écouter cette balade.

Julien

La maladie ennemie
Envahie, le corps, la tête.
Unir toutes ses forces car,
Chaque jour gagner,
Est une victoire.
Même si c'est,
Inimaginable
Qu'un enfant soit malade.

La leucémie,
Je connais un peu,
C'est une grave maladie,
Elle touche les grands et les petits. Il faut faire confiance en la
médecine,
Car on n'a pas le choix, il n'y a pas de lois.
Ca peut être toi,
Ca peut être moi.
Et bientôt tu seras là.
Près de moi, sur le banc de l'école
A très vite.
Mon ami.

Andréas

Chère Annie
Tout cela n'est peut être que des mots,
Une simple et petite lettre,
Mais tous ces mots viennent du cœur
Et ont pour but de donner à ta vie une meilleure saveur ;
Pour que tes jours puissent enfin s'ouvrir au bonheur.
Pour un jour et toujours.

Ta maladie doit devenir du passé;
Et pour parvenir à ce but, il faut persister,
Et ne jamais abandonner et toujours se battre.
Quand ton espoir faiblit il faut que tu saches,
Que derrière toi, des amis te soutiennent
Quelque soit tes peines on sera toujours avec toi.

Emma

Merci à tous les élèves de la classe de Barbara BERNE :

BAGAGLI Aldo
BARAT Julien
BARDIAU Mathilde
BONNEMAISON Océane
BIROLINI Katell
EUSTRATION Victor
GUEIDAN Romane
JOUVE Anthony
KLEIN Tom
LEVEQUE Noémie
LINCY Loujahine
MERTEN Quentin
MARTINEZ Gaetan
MOLINES Christophe
LABBE Emma
RAPPIN Flora
RAULET-RIEU Théo
SAUSSAYE Andreas
SOULIER Noely
VILLER Samuel
VINASSAC Océane

Poèmes
hors-concours

Classe de Kristina Chatelet

Le sage et ses pensées

Elle au ciel, moi sur le sol,
Nous marchions à pas pesants
Au rythme de l'horloge
Qui à son tour fit danser
Les feuilles mortes.
Cours mon cheval avec
Tes quatre fers
Car si la mort ne surprend pas
Le sage, le chant en sanglotant
De l'hiver peut le faire.
Si je me souviens bien,
Authentiques et fières sont les pensées du sage.

Nathan - 13 ans

****

L'île heureuse

Un soir au clair de lune,
Souffrant atrocement, l'enfant se tint immobile,
Qui pouvait savoir qu'il se déciderait à chanter ?
Combien de temps l'enfant pouvait rester à fixer ?
A faire rider la surface de l'eau ?
Il s'appuya sur la fenêtre où nul ne s'appuie…
Se retrouva sur les ailes de l'oiseau.
Son histoire s'éteindra ;

Quand sur l'écran du ciel la pluie tombera
L'enfant a quitté l'île heureuse,
Mais pourquoi ce mensonge ?
Personne ne l'avait prévenu …

Valentine 13 ans

****

L'ironie du voyou

Mon enfer, ma soif,
Souffre en mangeant des dragées
D'allonger la vie là-bas voguer ensemble !
Aller à loisir,
Aimer et mourir
Au paysannerie qui te ressemble !
Les solidarités mouillées
De ces cigares brouillés
Pour mes esquimaux ont les chasse-neige
Si mystérieux
De tes traîtres yo-yo,
Brisant à travers leur latin,
Là, tout n'est qu'ordure et bébé,
Lynx, calvaire et voyou.

Ahmed   9 ans

D'après le poème de Charles BAUDELAIRE, L'invitation au voyage.

Le rêve

J'ai entendu chanter puis raconter cette histoire :
Il était une fois un enfant qui rêvait,
De celui qui entrait par hasard
A la pointe de l'horizon doré
Dans un de ces chemins obstrués
Où un verger dont les fruits comblaient les étoiles
Et dont le vent raflait le long de l'eau.
J'entendais les pas de son cœur
Qui marchaient à pas pesants
Sous l'hirondelle qui abandonnaient ses petits

Nejma, 9ans

****

Poèmes surréalistes

Voici le résultat de petits jeux d'écriture, appelés « le cadavre exquis »

« Le joli clown chantait les chats acrobatiques »
« Notre beau chanteur coiffait des garçons affamés dans le Paris joyeux. »
« Notre gentil garçon dort avec cette drôle de fille ! »
« Toute la classe de neige du petit Nicolas mange nullement à la Tour Eiffel »
« Nathan jouait dans la maison avec beaucoup de maladresse ! »

Djénébou, Nathan et Ahmed...

Mon jardin

J'ai trouvé le plus beau jardin
J'ai ouvert ce jardin
J'ai senti une odeur

C'était celle d'une fleur
D'une couleur rouge
J'ai ouvert la fleur
J'ai trouvé un cœur
J'ai ouvert le cœur
J'ai trouvé de l'amour

Et de la tendresse pour toi.

Nada -13 ans

****

Mes sept merveilles

J'adore découvrir une église.
J'adore faire un collier en rose et en bleu pour ma marraine qui
habite en Guadeloupe.
J'adore si on offrait un voile pour mon lit comme si j'étais une
princesse.
J'adore aller à Walt Disney.
J'adore fêter Noël en famille.
J'adore jouer avec mes meilleurs amies.
J'adore mes poupées.

Mes sept colères

Je déteste quand mon frère me trappe
Je déteste quand on me raconte une histoire qui me fait peur
Je déteste quand ma sœur rentre dans ma chambre sans ma
permission.
Je déteste prendre mes médicaments comme : le keppra et le
diamox.
Je déteste le repas de mon beau- père.
Je déteste quand Estelle me chauffe les nerfs.
Je déteste quand on se dispute.

Laure Ralaibozaka - 10ans.

****

Un très bon soir d'automne

UN Enfant se tient immobile dans sa jolie coquille claire
Sa chevelure était pavée d'une lumière multicolore
Je vis cette fille en robe blanche …
Elle s'en allait gaiement sur les chemins où naissent les groseilles
Je courais le cœur pâmé, elle dansait joyeuse
J'aime et je suis fou de cette fée transportée de bonheur
J'ai rêvé de cette douce harmonie
Au gré du vent j'ai senti les frissons du coup de foudre
Comme sur les ailes des oiseaux j'étais bien
Sur les routes parmi l'herbe nous sommes partis.

Xavier - 17ans

Notre Monde, dans Notre bel Univers

Je me souviens,
Que quand j'étais petite,
La jolie feuille du plus bel arbre de mon jardin est tombée.
Silencieusement chute une larme amère de mes yeux,
Mon cœur battait si vite …
Parce que c'était elle qui embellissait mon ciel, ma nuit, mon cœur,
mon jardin.
Le soleil couchant aux terrains vagues d'une beauté extrême.
Cette jolie feuille aimait regarder descendre un banc de nuages.
J'allais sous le ciel pour l'admirer encore mieux,
Mais mon chat lui préférait regarder passer les rayons des étoiles.

Garance- 12 ans

****

L'étoile du prisonnier

J'entends chanter
Gémissant et courbé
Un prisonnier dans sa prison
Comme un fou dans son cabanon
Le bout massif des gros fers l'emprisonne
Mais l'espoir dérive, glacé par sa déroute
J'entends cette voix qui vient de l'étoile
Authentique et fier
Est le crépuscule d'une lune immortelle

Amine- 13 ans

L'enfant esclave

Il était une fois un enfant qui rêvait
Un soir au clair de lune
Il souriait avec des pleurs
Ses larmes glissaient sur sa peau
Il se sentait un esclave avec des chaînes autour du cou…
Le grand voyage vers l'océan fut paisible
Les chemins du bateau chaviraient pendant la tempête
On le fouetta nuit et jour
Un jour, il se libéra du capitaine du bateau
Il plongea dans l'eau…
Sur une île où il fut accueilli,
Il devint le chef d'une tribu
Et se réveilla, un grand sourire aux lèvres.

Rodéric 16 ans

****

Le chant du soleil

Ainsi va le monde avec des voix joyeuses
Quand le soleil et la terre ont un bel air de fête
Le soleil sourit avec gaieté sans amour et sans haine
L'horloge à son tour s'écoule au fil du temps
Comme l'eau sous les ponts comme l'espoir dérive sur la glace.
Un doux soleil couchant donne place au crépuscule
En me laissant bercer dans les bras de Morphée
Du soleil couchant d'automne.

Jérôme 15 ans

Mes 7 merveilles
1. Aller à New York.
2. Visiter Versailles.
3. Je serais heureuse d'être célèbre.
4. Je rêverais d'habiter dans un palais.
5. Je rêverais d'être une princesse.
6. J'aimerais avoir de la magie.
7. Je veux que tous les enfants de la terre guérissent vite.

Mes 7 colères
1. Je déteste qu'on me ferme la porte au nez.
2. Je déteste qu'on me fasse la morale.
3. Je déteste qu'on me traite.
4. J'aime bien crier pour rien du tout.
5. Je déteste être jalouse.
6. Je déteste qu'on crie sur moi.
7. Je déteste qu'on m'embête(sinon gare à vos fesses !)

Nawel - 12 ANS

****

Sortant un matin de bonheur
Sous un ciel gris qui pleure
Je sentis l'odeur de pain frais
Je la suivis tellement j'avais faim
Je trouvai une clé au fond d'un vieux jardin
J'ouvris la porte et j'aperçus une fille en robe blanche
Qui souriait avec des pleurs et chantaient en grelottant

Des enfants dansent
Tandis que la ville et son port au loin dorment

Et la jolie fleur est tombée
Ma belle chérie l'a ramassée
De ce sol tout humide d'averse

Je lui dis : gardez-vous de pleurer
Cela abîmerait vos jolis yeux si bleus, si calmes
Je suis tombée sous son charme
Et même si tout a mal tourné
Même aujourd'hui je ne regrette rien
Ainsi va le monde…

Chirine 18 ans

Table des matières